Brain Puzzles for the
Portuguese
Language Student
Volume 2 Intermediate

Luis Gonçalves

**Brain Puzzles for the Portuguese Language Student
Volume 2 Intermediate**
© Polana Press 2011
© Luis Gonçalves 2011

POLANA PRESS
Woodbridge, New Jersey
<u>Lmcrg@hotmail.com</u>
<u>www.luisgoncalves.org</u>

ISBN-13: 978-1463641061
ISBN-10: 1463641060

Also recommended

Índice

Esportes

Você pratica algum esporte? Descubra os doze esportes mais populares.

S	Z	K	A	I	T	Q	Z	T	X	B	F	O	E	P
Y	U	C	R	Y	S	G	G	O	A	Y	F	Q	E	V
D	Z	A	L	A	P	C	Z	M	C	X	S	A	R	Y
R	E	P	H	V	X	U	F	H	Z	N	I	C	H	R
F	R	O	E	L	H	E	X	N	H	M	F	F	W	L
M	D	E	M	Q	E	A	F	B	Y	F	E	X	P	P
K	A	I	Y	S	W	S	Z	Y	U	L	G	O	L	D
N	X	R	I	R	I	A	Q	T	E	R	M	S	B	Y
U	M	A	A	N	E	T	E	U	Q	S	A	B	P	C
L	J	V	Ê	T	V	B	E	B	I	E	L	Ô	V	L
A	U	T	O	M	O	B	I	L	I	S	M	O	X	Z
S	G	K	S	L	X	N	C	U	T	U	W	Y	Q	P
T	M	K	E	M	G	I	A	P	O	A	A	A	I	N
Y	Z	R	E	E	C	D	D	T	J	B	D	G	U	U
I	Q	X	X	Z	D	M	C	S	A	H	G	I	K	A

Equipamento esportivos e lugares

Descubra as palavras baralhadas. Copie as letras nos espaços numerados para outros espaços com o mesmo número.

LABO

SEACT

DAMHAEL DE ROOU

QEETURA

REED

CAOT DE FEGLO

IMRUOFEN

PACMO

CEULB

SETÁDOI

RAUQAD

Eventos e pessoas em eventos esportivos

Coloque as etiquetas por ordem para revelar eventos e pessoas em eventos esportivos.

ÃO	JOGA	TO C	UIZ	CAMP	EONA
ELEÇ	TA S	OR T	CAMP	TONI	ORRI
ATL	RECO	ADOR	REIN	ETA	DA J
MARA	STA	ITRO	JOGO	DOR	TIM
ÁRB	RCED	E TO	EÃO	RDIS	

A natureza

Use as letras a baixo para descobrir sete coisas que você encontra na natureza quando pratica esporte ao ar livre.

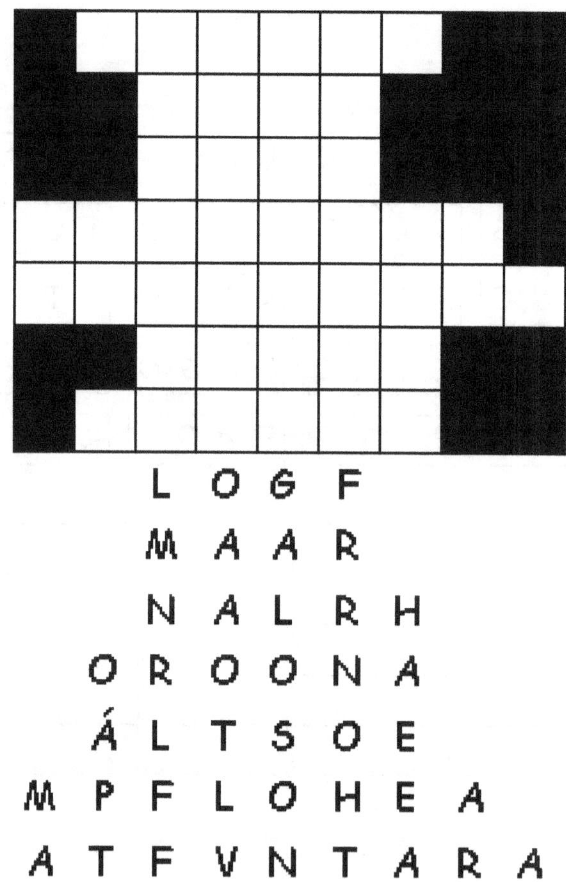

Descrição de pessoas e eventos

Descubra o vocabulário para descrever pessoas e eventos esportivos resolvendo este criptogama.

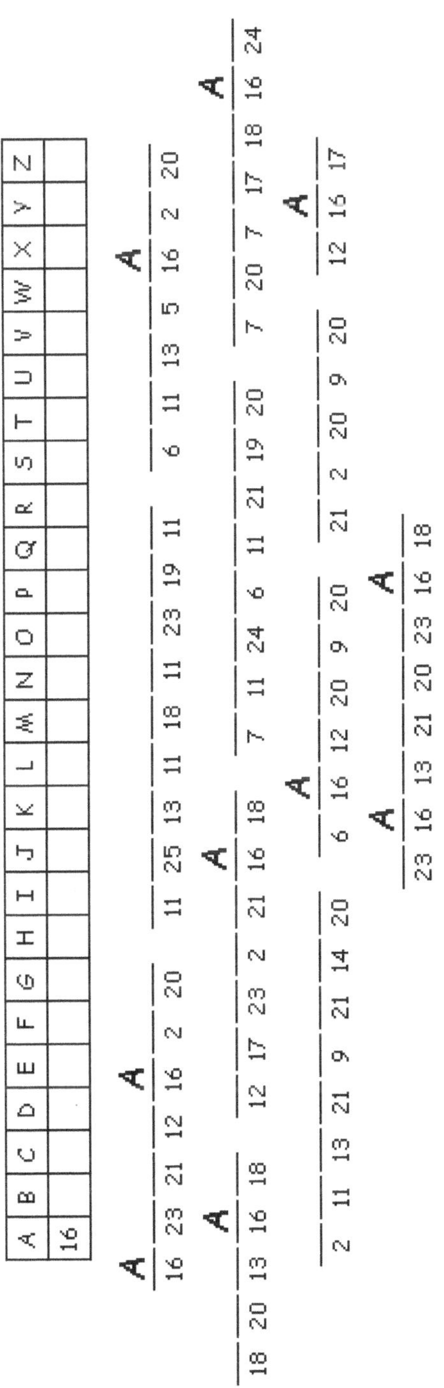

Praticando esportes

O que você faz quando pratica um esporte? Descubra vinte e um verbos sobre esportes.

U	R	E	S	P	E	I	T	A	R	R	V	I	I	L
B	Q	R	Q	M	X	M	M	K	E	E	F	W	A	Q
C	R	A	E	A	C	D	P	V	D	P	N	P	P	C
U	A	I	M	C	G	U	L	R	R	R	M	A	L	P
R	I	U	N	R	O	O	R	U	E	E	R	T	A	W
P	V	Q	I	C	V	M	A	I	P	S	A	I	U	S
E	N	S	I	N	A	R	E	O	D	E	T	N	D	G
A	E	E	E	C	F	R	E	N	O	N	N	A	I	F
T	H	S	A	T	D	O	A	C	D	T	U	R	R	D
W	E	O	E	C	V	C	R	C	E	A	G	F	G	N
D	W	H	V	F	X	U	A	M	I	R	R	D	I	S
R	M	V	M	Z	X	P	D	X	A	L	E	R	K	D
V	O	T	G	C	G	A	N	H	A	R	P	F	M	R
R	T	D	E	C	A	R	A	R	I	T	A	X	O	U
S	Y	I	Y	E	Z	Y	M	D	T	B	M	P	E	M

Festas e celebrações

Descubra as palavras baralhadas. Copie as letras nos espaços numerados para outros espaços com o mesmo número.

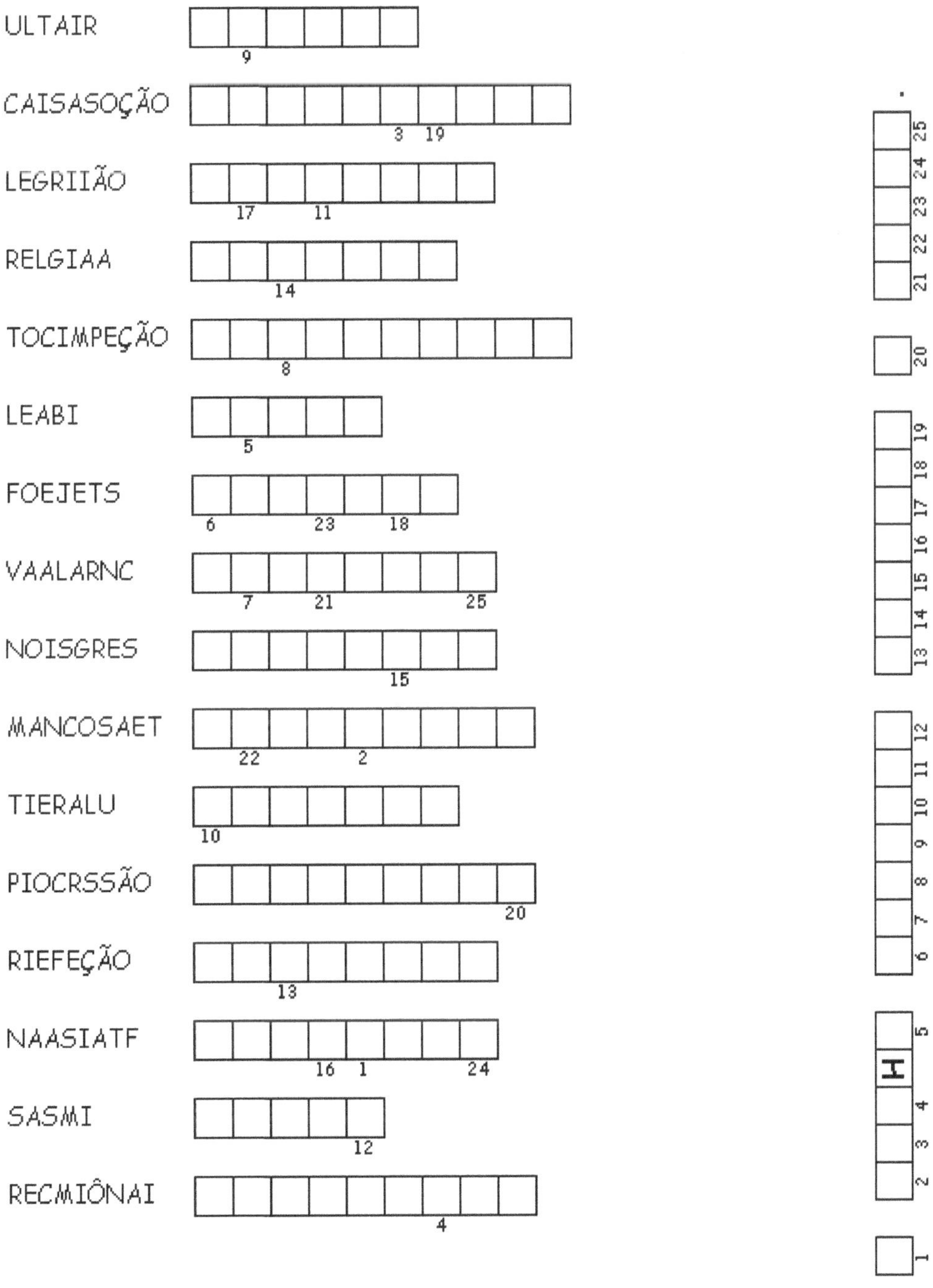

Verbos reflexivos

Descubra as palavras baralhadas. Copie as letras nos espaços numerados para outros espaços com o mesmo número.

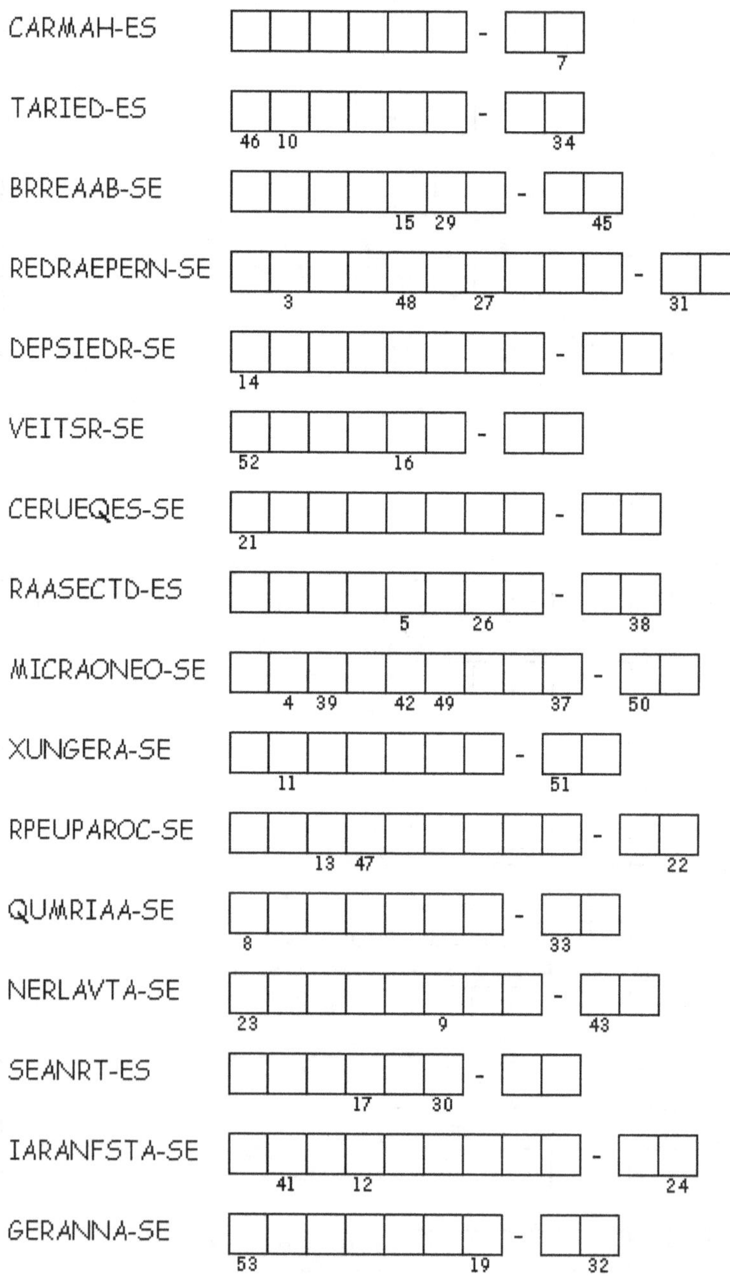

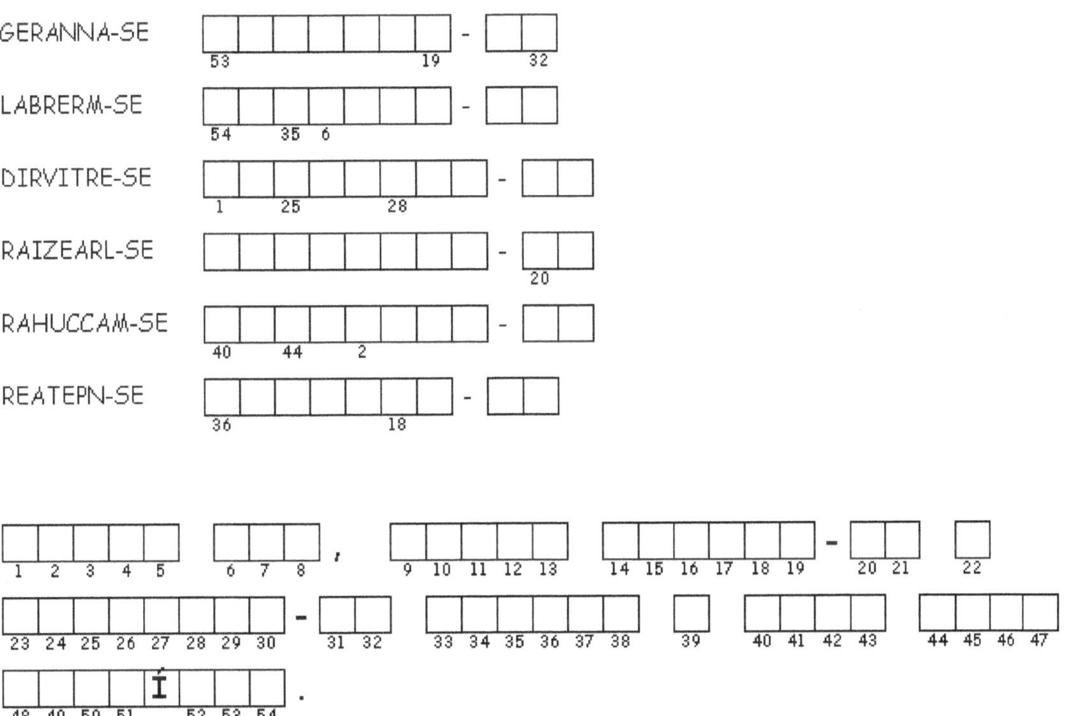

GERANNA-SE
LABRERM-SE
DIRVITRE-SE
RAIZEARL-SE
RAHUCCAM-SE
REATEPN-SE

Trabalho e profissões

Horizontal

3. desenha edifícios.
6. garante que temos luz na aula.
8. trabalha no mar.
9. prepara a comida no restaurante.
10. dirige as operações de uma organização.
14. pessoa que cuida de um doente.
15. a quem você precisa pagar as suas compras no supermercado.
19. traduz uma conversa em tempo real.
22. trabalha num hospital.
23. mantem a ordem pública

Vertical

1. escreve notícias.
2. é a pessoa com quem você fala quando precisa de um livro emprestado.
4. trabalha na bolsa.
5. corta e pinta o cabelo.
7. dirige o ônibus.
9. registra as contas de uma empresa.
11. administra uma empresa.
12. dá ordens.
13. trabalha no tribunal.
16. trabalha com leis.
17. trabalho num laboratório.
18. trabalha no teatro, na televisão e no cinema.
20. trabalha com a saúde mental dos seus clientes.
21. a pessoa que você chama quando tem um vazamento em casa.

Locais de trabalho

Descubra dezesseis palavras relacionadas com locais de trabalho.

```
Y  A  S  W  K  L  G  Z  V  B  D  Q  O  L  L
F  C  L  A  B  O  R  A  T  Ó  R  I  O  E  A
D  I  J  E  W  S  S  F  A  I  R  I  M  T  R
E  R  A  F  S  E  E  R  S  Ó  L  D  A  O  T
D  T  S  S  R  C  M  R  T  H  F  J  D  H  N
O  É  I  P  L  A  R  L  O  R  O  D  T  C  E
K  L  M  Z  Z  O  U  I  O  L  R  T  W  O  C
O  E  M  E  F  S  B  N  T  G  A  I  O  M  T
G  O  M  P  N  J  T  C  K  Ó  B  V  Q  P  O
S  R  S  O  X  E  V  F  Á  B  R  I  C  A  F
Y  D  C  S  I  O  C  N  A  B  Y  I  T  N  I
G  I  Q  R  L  A  T  I  P  S  O  H  O  H  C
W  H  A  I  T  T  Z  R  W  H  C  L  L  I  I
E  R  J  C  J  D  D  L  G  P  N  G  K  A  N
T  N  D  L  Y  D  X  J  Q  C  G  W  Y  Z  A
```

Trabalhar

Descubra as palavras baralhadas. Copie as letras nos espaços numerados para outros espaços com o mesmo número.

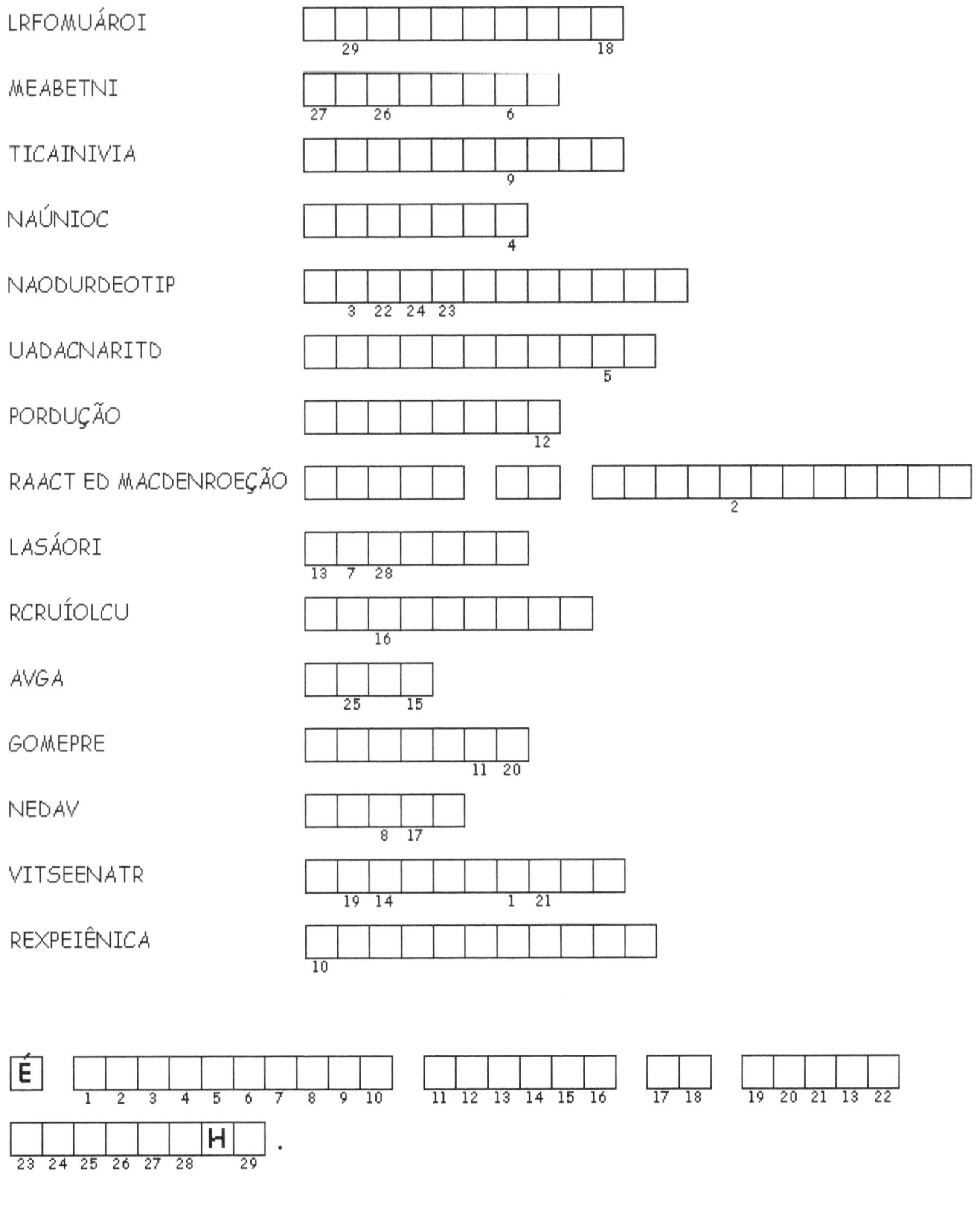

Verbos do trabalho

Coloque as etiquetas por ordem para revelar os verbos mais comuns relacionados com o trabalho.

E E N C	- S E	I O N A	C O M U	T A R	R V I S
O M B I	N I C A	N D I D	R E G A	M E L H	H E R
E R I R	R D E	T E S	O R A R	P R E	D E S E
A T A R	R P R	- S E	N A R	M A R C	U N I R
R R E	P A R A	J A R	R C A	S U P E	S C A R
C O N F	A R C				

Frutas

Descubra as frutas mais comuns resolvendo este criptograma.

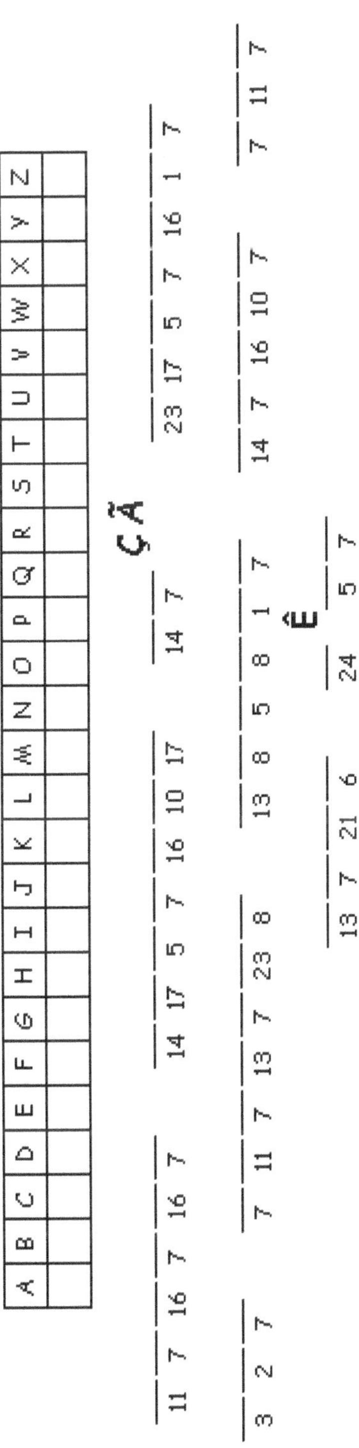

Carne, peixe e mariscos

Descubra as palavras baralhadas. Copie as letras nos espaços numerados para outros espaços com o mesmo número.

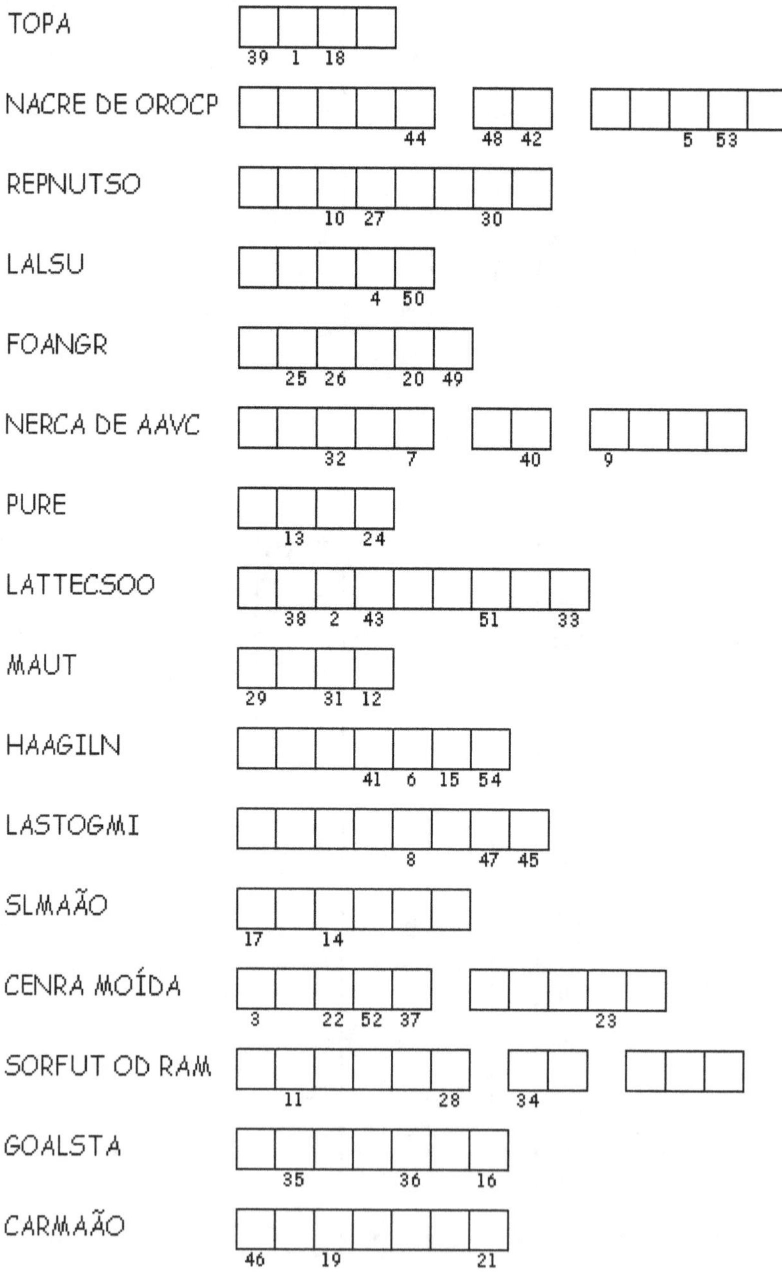

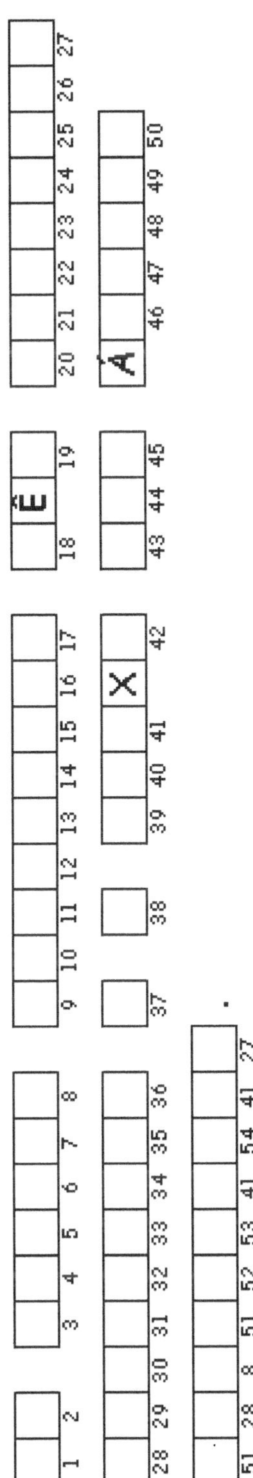

Comida

Descubra vinte e duas palavras relacionadas com a comida, alimentos a outras.

```
E  K  O  A  X  B  F  A  O  P  E  U  E  I  M
K  S  C  T  X  Q  D  F  I  L  D  T  C  O  A
A  N  P  B  I  R  P  M  A  V  O  B  O  G  R
Q  J  L  I  A  O  E  F  P  R  A  B  D  U  G
H  A  D  T  N  N  C  I  K  L  I  T  X  R  A
S  X  S  R  T  A  M  S  H  K  E  N  O  T  R
E  O  C  A  V  E  F  O  I  G  S  U  H  E  I
M  R  C  E  N  O  U  R  A  B  E  N  I  A  N
M  I  G  T  U  E  X  J  E  E  N  T  O  A  A
O  K  Ã  A  T  I  E  C  E  R  O  B  N  E  P
L  O  M  I  N  R  A  C  U  K  I  B  I  R  C
H  B  E  I  S  I  X  W  N  P  A  V  P  L  Z
O  Z  T  A  L  J  V  A  H  L  M  Y  E  U  R
A  N  L  P  A  H  L  I  N  U  A  B  P  U  C
T  O  M  A  T  E  O  L  S  L  D  L  O  J  F
```

A mesa posta para o jantar

Descubra as coisas que usamos para por a mesa para o jantar resolvendo este criptograma.

A	B	C	D	E	F	G	H	I	J	K	L	M	N	O	P	Q	R	S	T	U	V	W	X	Y	Z

22 12 | 21 18 24 21 | 2 4 | 3 4 5 21 | 19 21 23 26 12 | 19 21 | 22 21 | 21 ,

11 21 14 2 | 4 9 21 | 19 21 23 23 21 | 7 12 18 24 4 23 ,

7 21 23 21 | 19 25 21 | 19 21 23 23 2 | 21 14 21 20 12 | 7 12 20 12 | 20 23 21 22 12 ,

26 21 7 21 ,

8 | 7 21 23 21 | 21 ,

Verbos para aprender a cozinhar

Você sabe conzinar? Coloque as etiquetas por ordem para revelar os verbos mais comuns relacionados com cozinhar.

S P E C	F R I	A R E	S E I	E R V E	S E L H
N T A R	Z A R -	E S P E	I A L I	M P O R	R A C
V A R	A R F	P R O	B A T E	C O R T	R J U
R A R	T A R	R E C E	A C O N	T A R	N T A R

As partes do corpo

Descubra trinta e quatro partes do corpo humano.

```
O  J  H  C  J  F  M  A  O  K  Y  D  Y  O  R  P  R  Y  E  C
M  Ã  I  Z  G  R  Y  H  S  Z  X  D  O  M  R  A  T  S  S  O
S  L  M  N  L  J  D  L  L  D  C  J  N  Z  H  B  T  Q  U  R
H  T  G  L  E  P  E  E  U  L  L  D  B  N  O  Ô  E  K  J  A
O  S  S  O  U  C  U  P  O  X  Q  A  O  M  A  N  R  E  P
M  M  F  T  Z  P  G  N  A  A  F  C  I  A  C  P  F  T  É  U
B  L  H  W  L  V  N  A  R  I  L  I  G  N  L  H  K  R  B  C
R  J  H  J  F  N  A  R  B  A  H  O  J  P  H  F  E  Y  C  M
O  D  I  V  U  O  S  B  C  A  T  N  A  G  R  A  G  C  W  O
S  C  J  L  D  J  U  O  B  P  J  P  I  G  P  U  G  A  H  O
V  Q  S  E  N  Y  X  S  A  T  O  R  N  O  Z  E  L  O  Ã  A
V  D  D  E  J  X  K  V  D  E  A  X  P  N  N  A  H  M  L  N
U  O  X  D  P  H  J  Q  Q  B  L  E  B  O  C  A  R  B  D  F
H  S  C  Í  L  I  O  S  O  G  I  D  H  Q  S  G  N  K  L  I
V  C  R  V  X  P  J  R  J  T  W  D  L  I  R  Z  Q  V  B  M
L  S  K  I  H  E  E  M  O  E  Y  C  L  F  F  F  H  I  C  C
J  I  S  O  E  L  O  L  Y  K  N  D  Z  D  U  B  M  I  N  H
A  P  T  H  H  L  A  M  G  T  C  Z  L  A  Y  G  S  C  C  X
C  I  E  A  U  B  F  L  C  C  T  X  I  R  J  R  N  G  O  A
N  O  E  C  N  A  R  I  Z  A  N  V  D  U  O  H  T  D  T  N
Q  E  S  V  K  F  G  Y  P  Q  B  D  V  T  E  L  X  S  O  K
C  Ú  R  T  Q  Q  S  B  I  C  S  E  D  N  L  G  E  I  V  C
M  Q  W  V  A  X  W  I  Y  G  J  N  Q  I  H  T  B  N  E  T
D  N  E  I  O  S  B  D  K  I  B  L  S  C  O  Á  G  D  L  X
N  M  T  I  M  Y  U  Q  E  Z  M  F  N  Z  L  N  F  S  O  B
```

Ir ao médico!

Descubra as palavras baralhadas. Copie as letras nos espaços numerados para outros espaços com o mesmo número.

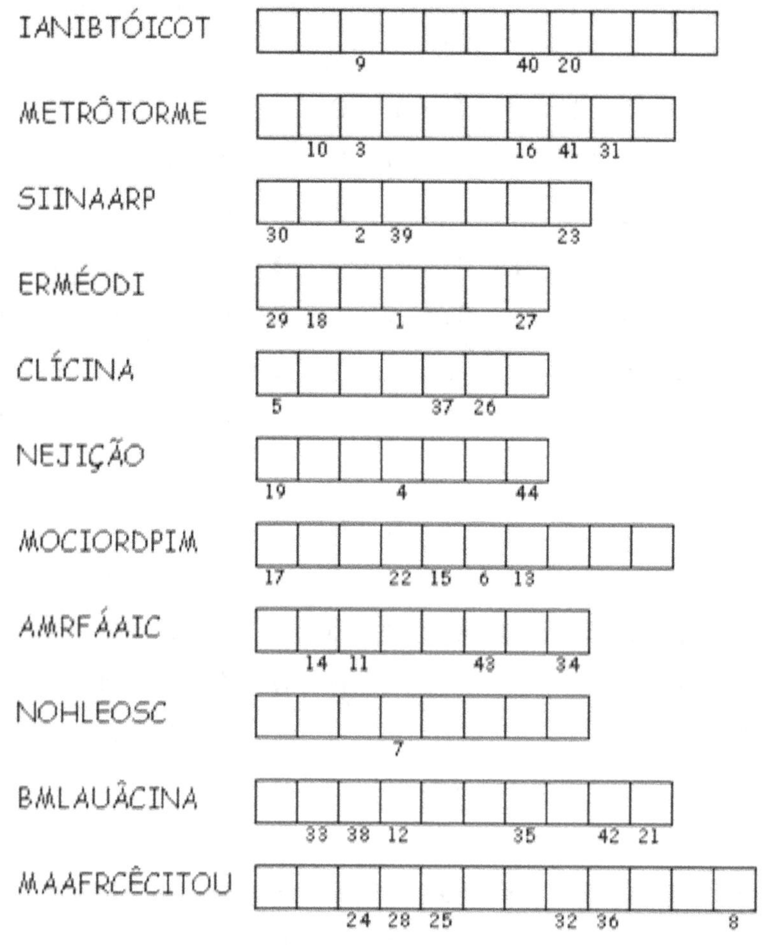

IANIBTÓICOT

METRÔTORME

SIINAARP

ERMÉODI

CLÍCINA

NEJIÇÃO

MOCIORDPIM

AMRFÁAIC

NOHLEOSC

BMLAUÂCINA

MAAFRCÊCITOU

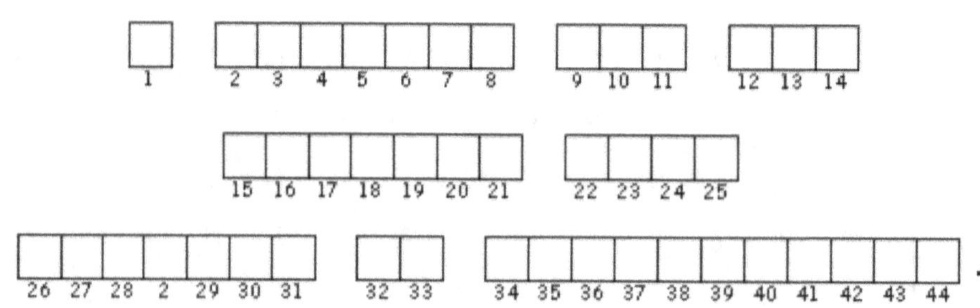

Sintomas da doença

Encontre todos os oitos sintomas e responda à pergunta.

```
A  D  O  D  O  E  N  T  T  E  T  E  M  G  D
B  O  O  R  I  P  E  Z  O  R  N  T  H  O  A
A  D  Y  R  G  R  K  N  Q  S  O  V  R  F  R
T  I  G  R  D  B  F  R  O  H  S  E  H  G  K
I  M  B  K  F  E  C  X  X  N  S  E  B  X  Q
D  I  K  O  G  N  G  O  Y  M  Q  S  T  B  L
O  R  F  A  E  J  E  A  U  G  K  D  R  M  N
F  P  E  I  G  N  S  S  R  N  T  Y  D  O  C
T  E  B  R  T  O  C  P  F  G  C  Q  E  C  A
V  D  R  R  P  U  I  U  X  U  A  N  K  X  N
L  U  E  E  L  A  G  K  O  Q  J  N  E  Z  S
G  C  O  A  H  F  W  R  F  D  I  R  T  F  A
K  Z  R  M  P  X  T  R  V  A  Z  M  E  A  D
Z  E  Q  J  I  G  S  O  T  M  B  X  T  H  O
S  E  E  J  S  O  E  B  A  C  E  D  R  O  D
```

O que tem o doente?

— —— —— —— —— —— —— ——— —— ——— —— —— —— —— .

Uma consulta!

Descubra as palavras baralhadas. Copie as letras nos espaços numerados para outros espaços com o mesmo número.

RODMERECNA

RAIC

TECROR

RESPAIRR

FARUM

CAIRTREE

LARMENTA

AEBURQR

LIRAG

RARCMA

XIQREUA-SE

RACEER

SISTERAAFZ

LAGEARR-SE

RNETIS

RAUCID DE

SIRTOS

RPSARIRE

MRXANIEA

Transportes

Horizontal
4. não tem motor
7. tem várias carruagens
8. voar

Vertical
1. transporte público urbano
2. navegar
3. subterrâneo
5. transporta mercadorias
6. transportar a família

Horizontal

4. a pessoa que traz o cafezinho
6. as coisas que você leva para a viagem
9. quando o avião para para noutra cidade antes de chegar ao destino
13. onde o voo termina
16. a pessoa que faz o seu check-in
17. para onde você vai quando o voo atrasa
18. onde o voo começa
19. onde você faz o check-in
20. onde você senta e pode ver as núvens
21. a porta por onde você sai em caso de um acidente
22. o bilhete mais caro

Vertical

1. sem esse você não pode entrar no avião
2. onde você embarca
3. a pessoa que inspeciona as suas mercadorias
5. o bilhete mais barato
7. o cliente que vai no avião
8. é preciso para voos internacionais
10. tem que comprar um para poder voar
11. cartão de recompensa que a companhia oferece
12. onde você senta
14. onde verificam a mercadoria que
15. a empresa que opera os voos

As minhas viagens

Horizontal

2. uma viagem num barco
6. passeio com um guia
8. a pessoa que faz o seu check-in no hotel
13. serviço muito bom
14. a conversão de uma moeda em outra
15. onde você guarda o seu passaporte num hotel
16. não tem lugar para você

Vertical

1. onde dorme uma pessoa
2. onde você escreve uma mensagem para enviar por correio à sua família
3. de onde sai ou onde chega um barco
4. onde dormem duas pessoas
5. onde você faz o check-in no hotel
7. com o que você abre a porta
9. tipo de passagem que termina onde começa
10. para onde você telefona para fazer uma reserva
11. a pessoa que faz a sua reserva
12. onde você coloca o seu nome quando não existem lugares disponíveis

Partes do carro

Coloque as etiquetas por ordem para revelar as partes do carro.

B A G A	O , P	D A S ,	R T A -	C A P Ô	R E T R
V O L A	, P Á	Ã O	R A - C	A D O R	L , A
L U V A	H O Q U	T O ,	O R ,	N T E ,	L H O
F A R O	E S ,	, R O	S S E N	S , L	Á R A -
O V I S	G E I R	D O R	E S P E	, M A	L A C A
U S ,	A S ,	R A D I	T R A V	M O T	B R I S
P N E	O R ,	, P O	I M P A	C A C O	D E P

Recursos hídricos

Use as letras a baixo para descobrir tipos de água e processos que envolvem àgua.

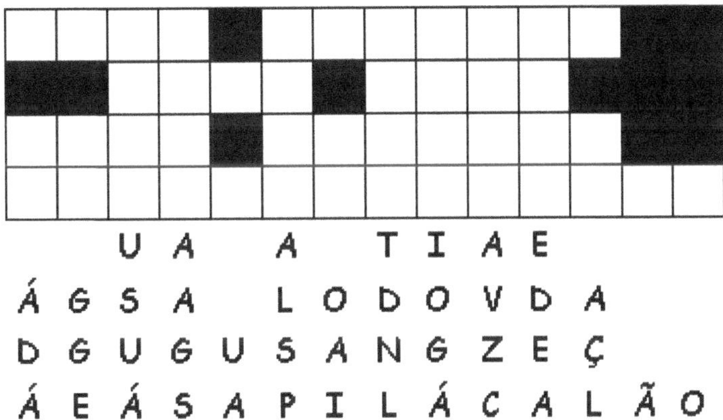

Triagem de materiais
para reciclagem

Use as letras a baixo para descobrir o que devemos separar do lixo e é fundamental reciclar.

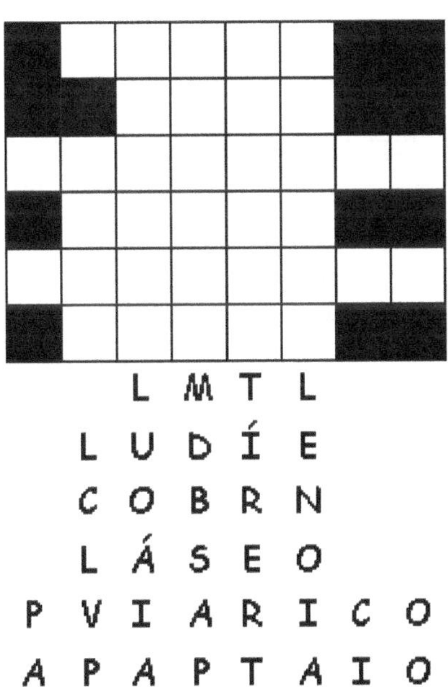

O nosso meio ambiente

Descubra as palavras baralhadas. Copie as letras nos espaços numerados para outros espaços com o mesmo número.

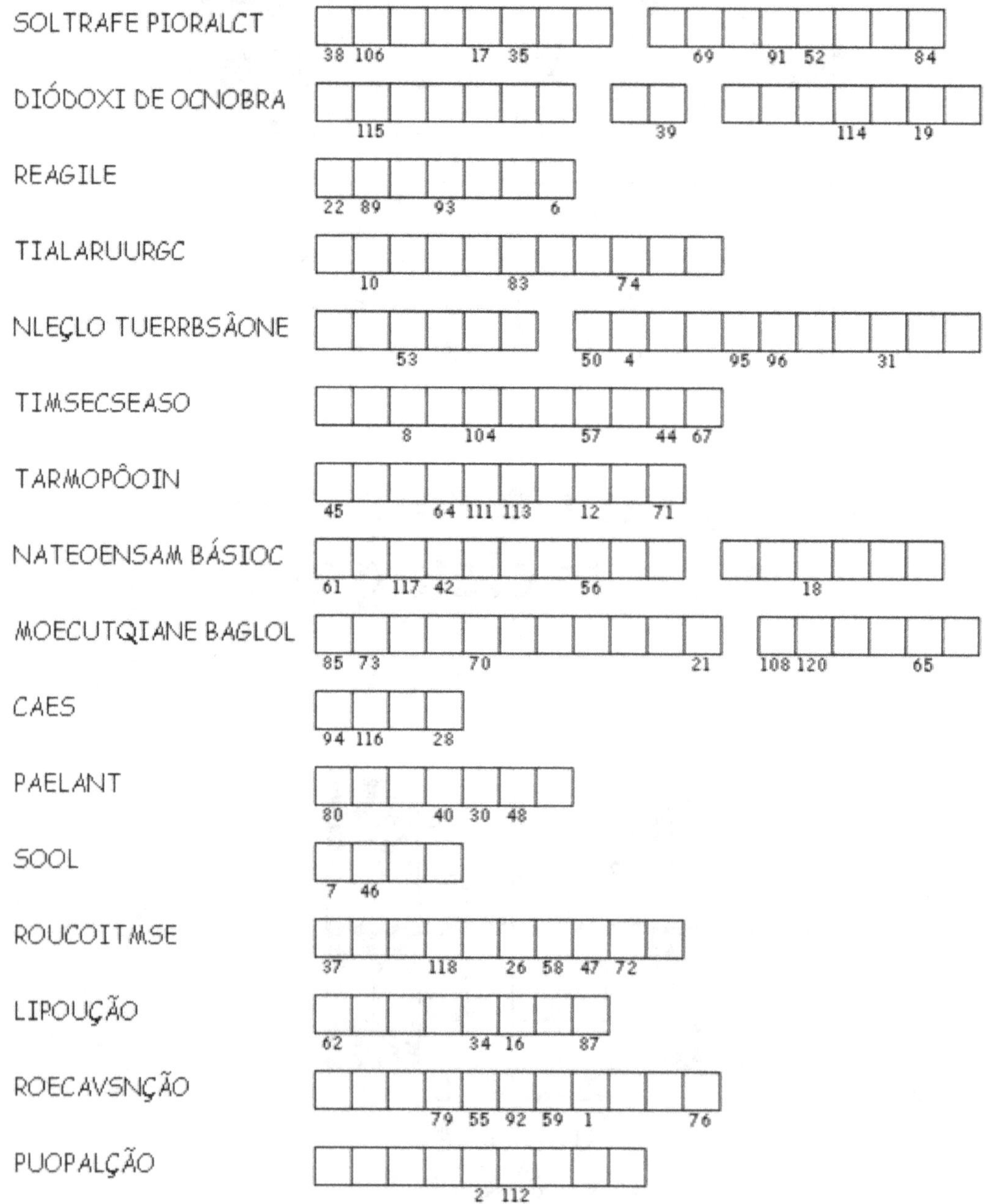

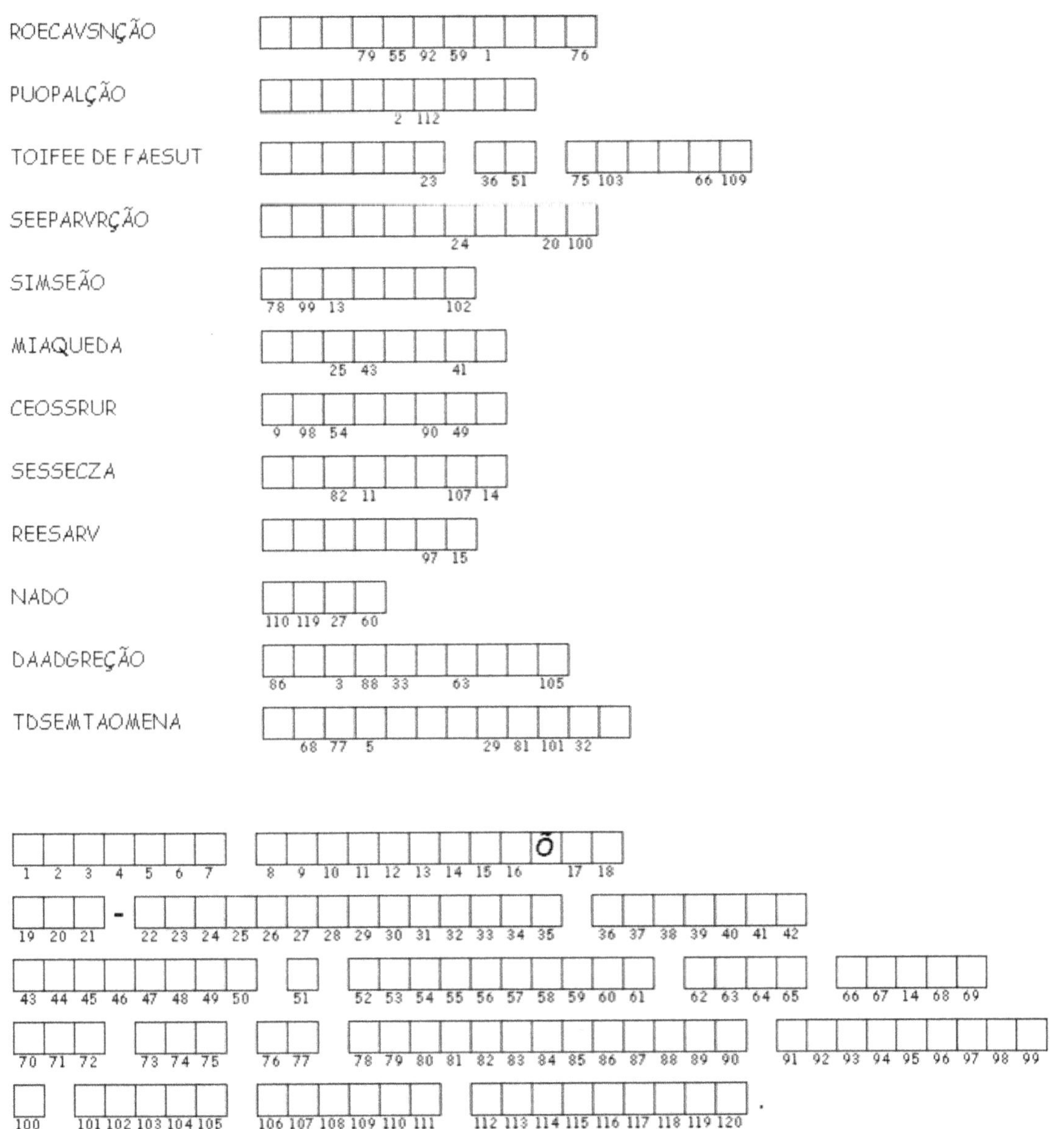

ROECAVSNÇÃO
79 55 92 59 1   76
PUOPALÇÃO
2 112
TOIFEE DE FAESUT
23   36 51   75 103   66 109
SEEPARVRÇÃO
24   20 100
SIMSEÃO
78 99 13   102
MIAQUEDA
25 43   41
CEOSSRUR
9 98 54   90 49
SESSECZA
82 11   107 14
REESARV
97 15
NADO
110 119 27 60
DAADGREÇÃO
86   3 88 33   63   105
TDSEMTAOMENA
68 77 5   29 81 101 32
1 2 3 4 5 6 7   8 9 10 11 12 13 14 15 16   17 18
Õ
19 20 21   22 23 24 25 26 27 28 29 30 31 32 33 34 35   36 37 38 39 40 41 42
43 44 45 46 47 48 49 50   51   52 53 54 55 56 57 58 59 60 61   62 63 64 65   66 67 14 68 69
70 71 72   73 74 75   76 77   78 79 80 81 82 83 84 85 86 87 88 89 90   91 92 93 94 95 96 97 98 99
100   101 102 103 104 105   106 107 108 109 110 111   112 113 114 115 116 117 118 119 120

Verbos relacionados com o ambiente

O que acontece no meio ambiente? O que o afeta? Descubra vinte e dois verbos relacionados com o ambiente.

```
N E G J K B A H W E R R K U M R R A O M
X D B A R Y E X M R A Y B D I B E P Q I
U S G I M H K I W C E W R U A F R O M G
F P G A Q F T L I G C C L T K A F I Z R
T A P Z X I Q D A T P O I R V T O A L A
R A P D R K U R X W P D M C V X S R N R
V L B J U J A H S E O Z C X L N N E U U
C M X T E D X R Q E A D W S U A R W J G
K U K R A B E R A Z I N A G R O R K R S
R Q P R O V R V Y G F M I F D K V F A E
V A G R L E Y P S G L X M C Q S J U R P
W E L O I V Y C O M B A T E R F F Q O A
D D V U E N I J B R R B M V A F C R M R
E N E W C M C V E O W A E B G H A E E A
E P F V G E Y I E P S E T C R L A I D R
W B H U A R P G K M E Y D R I J W J U T
O Z F B K S O S J O M G E T O K R C L G
F A L T A R T E E C E Q U Z O P V A A Y
R A R B O S F A P E A M J V I I U B J Y
E Y U R B Z Z A R D R B A S H C O S M D
```

A sociedade

Horizontal

1. a ciência que obtem, organiza e analisa dados
8. inclinação, propensão, predisposição
9. estudo estatístico de populações humanas
14. matrimónio
15. diferença, estado do que não é igual
17. modificação, transformação, alteração
21. relação de grandeza entre duas partes
22. diminuição
23. campo de ação
26. que não é seguro, incerto
27. alto

Vertical

2. que sabe ler e escrever
3. moderno
4. onde vive
5. aumento
6. entrada, passagem
7. deixar de fora
10. lucro, receita
11. de casa
12. de outro país
13. percentagem
16. que indica
18. diferença extrema
19. que precisa, que necessita
20. que sabe o que faz
24. que é novo
25. naturalidade; procedência

A sociedade em verbos

Descubra as palavras baralhadas. Copie as letras nos espaços numerados para outros espaços com o mesmo número.

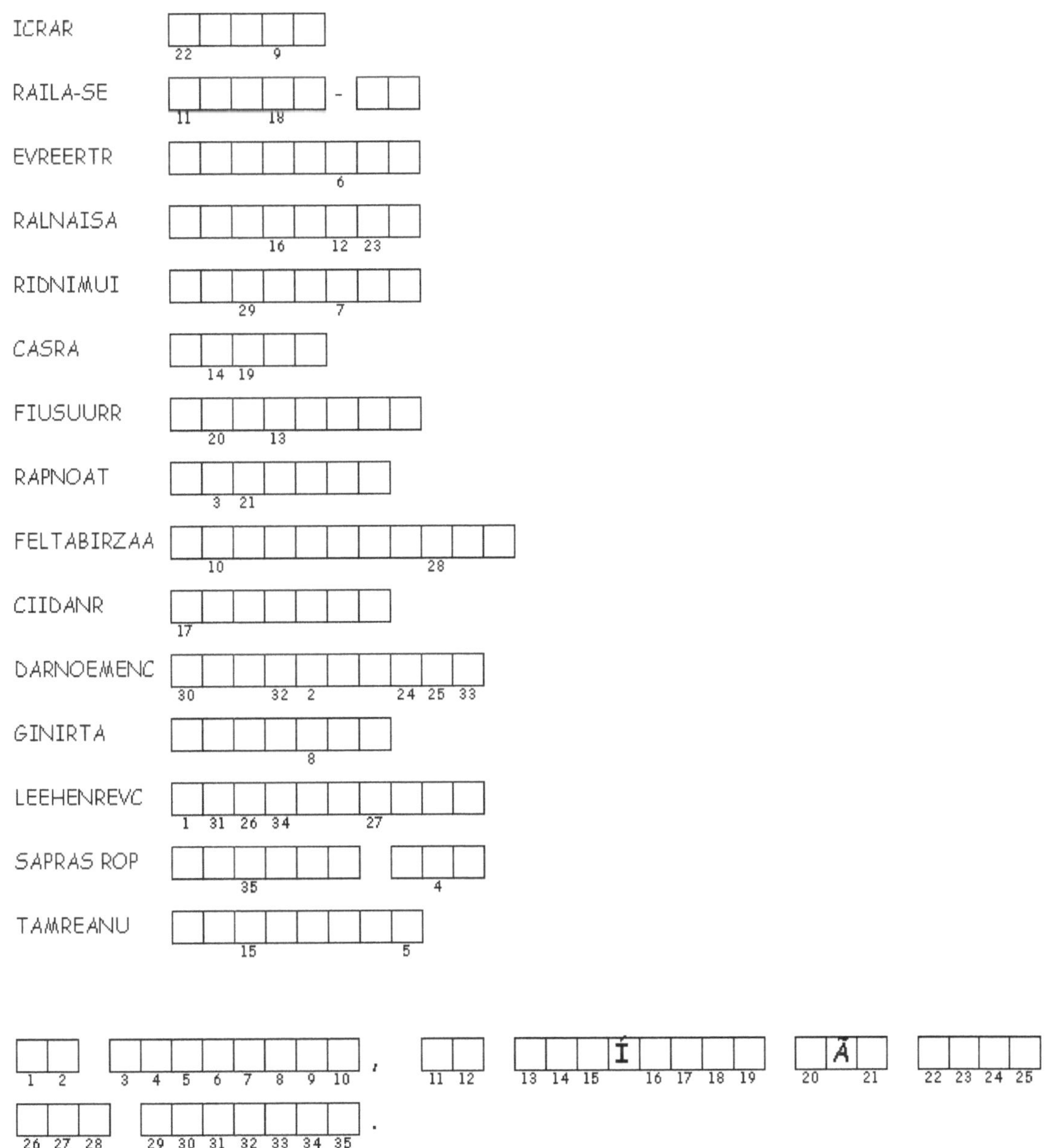

Tecnologias da informação e comunicação

Descubra dezoito palavras relacionadas com as tecnologias da informação e comunicação.

```
K  A  G  Y  N  T  F  V  R  B  S  D  S  B  R  W  I  N  U  N
I  N  S  T  A  L  A  S  A  D  M  I  A  A  J  I  E  H  N  S
M  R  H  W  D  M  S  N  H  C  I  O  L  B  M  T  V  E  I  W
I  U  H  X  T  H  D  V  I  N  Z  U  Y  O  U  S  H  R  B  U
G  X  B  Q  O  A  P  H  F  D  L  J  V  N  W  D  O  P  E  Q
T  L  B  L  L  D  C  W  X  E  I  I  A  A  A  D  W  C  Z  S
T  N  N  A  P  K  K  Q  C  E  M  M  R  I  R  E  G  D  D  D
Y  H  R  K  A  N  S  E  Q  E  P  R  O  C  E  S  S  A  R  R
U  G  Q  E  S  P  N  I  N  O  L  G  V  Y  X  E  F  H  I  Q
A  A  O  V  T  O  A  T  M  A  N  I  P  U  L  A  R  N  G  A
L  W  U  B  F  I  A  R  R  A  S  S  A  P  A  R  T  L  U  C
V  C  W  E  A  R  L  X  E  D  G  Q  K  P  J  W  U  G  O  W
D  V  L  M  V  C  O  É  B  L  V  C  H  R  V  T  U  N  N  M
F  E  N  V  A  K  V  L  T  Y  H  M  J  R  I  S  T  B  C  N
T  R  E  D  E  N  U  V  V  A  H  O  U  L  X  R  G  F  S  M
X  H  M  J  A  H  Y  Y  T  V  S  F  I  P  O  P  W  P  E  S
E  U  Q  S  K  X  F  L  B  I  P  Z  L  L  D  M  L  D  K  U
T  R  A  N  S  F  E  R  I  R  A  H  A  D  A  D  O  S  S  R
C  H  B  R  H  T  Y  M  Y  R  O  R  I  I  S  V  I  G  H  B
Z  M  G  J  N  Q  V  A  U  J  X  B  B  M  J  P  T  T  V  V
```

Vocabulário das biotecnologias

Descubra as palavras mais comuns da pesquisa genética resolvendo este criptograma.

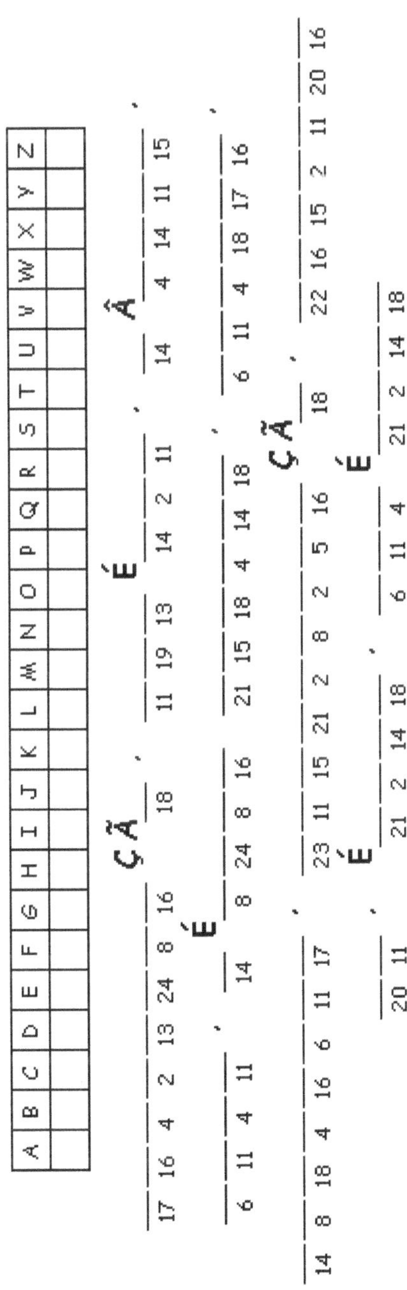

Adjetivos das ciências e tecnologias

Coloque as etiquetas por ordem para revelar as descrições mais comuns relacionadas com a pesquisa em ciências e tecnologias.

SO P	E S I S	S T Í V	O VO	O D I F	R M Á T
V E R S	R I C O	E N O V	Z A D O	E C I A	E R
Á V E L	C O M E	E S P	E R M A	D O	L I Z A
I N F O	E O M	S P E N	A T M	O S F É	I C A D
O S U	E A D	A D O R	C L I	M A T I	T E N T
N E N T	E L R	I C O	D O I	E G R A	I N T
N S T A	N T Â N				

Energia Use as letras a baixo para descobrir energia.

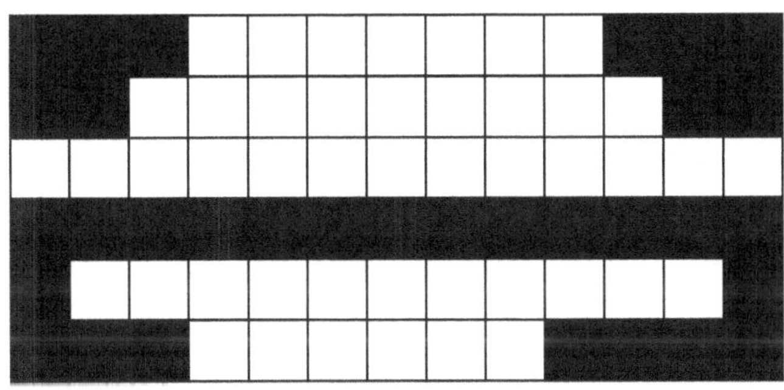

```
      E  T  N  V  Á  V
      M  B  E  C  G  Í  A
   O  E  O  O  R  T  M  V  L
   C  A  S  N  E  S  E  S  E  N  L
A  B  R  F  N  U  T  I  I  E  E  T  O
```

Pesquisa Use as letras a baixo para descobrir o que podemos esperar de pesquisas.

```
         V  O  A  Ô
         A  R  A  N  D  R
         A  N  R  O  I  Ç  O  Ã
      I  M  P  O  V  C  Ç  Ç  D  I
      O  N  T  L  C  B  A  A  S  O
   C  C  I  P  A  I  V  É  Ã  O  E  A
```

Pessoas

Horizontal
2. a pessoa que vê televisão
7. pratica esportes
9. faz pesquisa
12. cuida de pessoas no hospital
16. prepara a comida no restaurante
17. interveniente

Vertical
1. trabalha debaixo de água
3. usa o ônibus
4. funcionário de banco
5. traz o correio
6. natural de um país
8. usa o computador
10. trabalha numa loja
11. juiz de um jogo
13. passa receitas
14. serve os clientes no restaurante
15. recebe você no hotel

Soluções

Esportes (sopa de vocabulário)
ATLETISMO(11,13,NW)
AUTOMOBILISMO(1,11,E)
BASQUETE(13,9,W)
CAPOEIRA(3,2,S)
CICLISMO(6,14,NE)
ESQUI(6,6,SE)
FUTEBOL(11,6,SW)
MARATONA(1,6,SE)
NATA(7,12,SE)
TÊNIS(3,11,NE)
VÔLEI(14,10,W)
XADREZ(2,8,N)

Equipamento esportivo e lugares (puzzle duplo)
bola
cesta
medalha de ouro
raquete
rede
taco de golfe
uniforme
campo
clube
estádio
quadra

> resultado

Eventos e pessoas em eventos esportivos (ordenar etiquetas)
jogo time torcedor treinador árbitro
atleta campeão jogador campeonato
corrida juiz maratonista recordista
seleção

A natureza (subir letras)
árvore
flor
lago
montanha
atmosfera
folha
planta

Descrição de pessoas e eventos (criptograma)

animado excelente fechado local
mundial perfeito popular decisivo
famoso idoso mau nacional

Praticando esportes (sopa de vocabulário)
APLAUDIR(14,2,S)
BRINCAR(1,2,SE)
DESENVOLVER(1,11,NE)
DIFUNDIR(15,12,NW)
EMPRESTAR(6,1,SE)
ENSINAR(1,7,E)
ENVIAR(2,8,N)
ESQUIAR(3,8,N)
EXPLICAR(14,15,NW)
GANHAR(6,13,E)
INFORMAR(4,6,SE)
MANDAR(8,15,N)
OCUPAR(7,9,S)
OFERECER(14,14,NW)
PATINAR(13,3,S)
PERDER(10,6,N)
PERGUNTAR(12,13,N)
RECOMENDAR(3,2,SE)
REPRESENTAR(11,1,S)
RESPEITAR(2,1,E)
TIRAR(11,14,W)

Festas e celebrações (puzzle duplo)
ritual
associação
religião
alegria
competição
baile
festejo
carnaval
ingresso
casamento
leitura
procissão
refeição
fantasia
missa
cerimônia

A minha familia festeja o Natal.

Verbos reflexivos (puzzle duplo)
chamar-se
deitar-se
barbear-se
arrepender-se
despedir-se
vestir-se
esquecer-se
destacar-se
emocionar-se
enxugar-se
preocupar-se
maquiar-se
levantar-se
sentar-se
fantasiar-se
enganar-se
lembrar-se
divertir-se
realizar-se
machucar-se
pentear-se

Durma bem, tente deitar-se e levantar-se sempre o mais cedo possível.

Trabalho e profissões (palavras cruzadas)
Horizontal
3. arquiteto
6. eletricista
8. pescador
9. cozinheiro
10. gerente
14. enfermeiro
15. caixa
19. intérprete
22. médico
23. polícia

Vertical
1. jornalista
2. bibliotecário
4. corretor
5. cabeleireiro
7. motorista
9. contador
11. executivo
12. chefe
13. juiz

16. advogado
17. cientista
18. ator
20. psicólogo
21. encanador

Locais de trabalho (sopa de vocabulário)
ARMAZEM(9,3,SW)
BANCO(10,11,W)
BOLSA(7,8,NW)
CENTRAL(15,7,N)
COMPANHIA(14,6,S)
CONSULTÓRIO(3,11,NE)
EMPRESA(2,8,NE)
ESCRITÓRIO(4,3,SE)
FRONTEIRA(11,5,SW)
FÁBRICA(8,10,E)
HIDROELÉTRICA(2,13,N)
HOSPITAL(12,12,W)
HOTEL(14,5,N)
LABORATÓRIO(3,2,E)
LOJA(10,7,NE)
OFICINA(15,9,S)
VALORES(12,9,NW)

Trabalhar (puzzle duplo)
formulário
ambiente
iniciativa
anúncio
oportunidade
candidatura
produção
carta de recomendação
salário
currículo
vaga
emprego
venda
entrevista
experiência

É importante gostar do nosso trabalho.

Verbos do trabalho (ordenar etiquetas)
desejar supervisionar candidatar-se
marcar combinar melhorar testar

comunicar preencher conferir preparar
descarregar reunir-se

Frutas (criptograma)
banana morango maçã toranja
uva abacate cereja manga
abacaxi pêra

Carne, peixe e marisco (puzzle duplo)
pato
carne de porco
presunto
lulas
frango
carne de vaca
peru
costoleta
atum
galinha
lagostim
salmão
carne moída
frutos do mar
lagosta
camarão

As carnes vermelhas têm gorduras
saturadas e o peixe tem ácidos
essenciais.

Comida (sopa de vocabulário)
ALHO(11,4,SW)
AZEITE(1,14,NE)
BAUNILHA(12,14,W)
BISCOITO(10,8,NW)
BOLO(12,4,NW)
CENOURA(3,8,E)
DOCE(13,4,N)
ESPINAFRE(1,1,SE)
FARINHA(8,2,SE)
IOGURTE(14,1,S)
MAIONESE(11,13,N)
MARGARINA(15,1,S)
MILHO(3,11,SE)
MOLHO(1,9,S)
MOSTARDA(1,8,NE)
PEPINO(13,14,N)
PIMENTA(10,1,SW)

PIMENTÃO(9,4,SW)
RECEITA(10,10,W)
SAL(1,6,NE)
TOMATE(1,15,E)
UCAR(9,11,W)
VINAGRE(7,13,NW)

A mesa posta para o jantar (criptograma)
toalha de mesa, garfo, taça,
bandeja, garrafa, colher,
xícara, guardanapo, copo, prato,
faca

Verbos para aprender a cozinhar (ordenar etiquetas)
esperar aconselhar ferver acrecentar
fritar bater juntar provar cortar
especializar-se importar

Partes do corpo (sopa de vocabulário)
BOCA(13,13,E)
BOCHECHA(13,4,SE)
BRA(9,8,N)
CABE(9,19,SE)
CALCANHAR(9,9,NE)
CINTURA(14,24,N)
CORA(20,1,S)
COSTAS(1,19,SE)
COTOVELO(19,18,S)
CÉREBRO(20,7,NW)
CÍLIOS(3,14,E)
DEDO(5,10,SW)
ESTÔMAGO(19,1,SW)
GARGANTA(17,9,W)
JOELHO(15,19,S)
LÁBIO(15,25,NE)
MÃO(18,12,NE)
MÚSCULO(1,23,NE)
NARIZ(5,20,E)
NERVO(1,20,SE)
OMBRO(1,5,S)
ORELHA(9,14,SW)
OSSO(4,5,W)
OUVIDO(6,9,W)
PEITO(13,12,SW)
PERNA(20,5,W)
PESCO(5,13,NW)

PULMÃO(6,6,NW)
PULSO(9,5,N)
SANGUE(7,9,N)
SOBRANCELHA(8,11,N)
TESTA(16,23,NE)
TORNOZELO(10,11,E)
VEIA(4,21,NW)

Ir ao médico! (puzzle duplo)
antibiótico
termômetro
aspirina
remédio
clínica
injeção
comprimido
farmácia
conselho
ambulância
farmacêutico

É preciso ter uma receita para comprar um antibiótico.

Sintomas da doença (sopa de vocabulário)
ABATIDO(1,1,S)
CANSADO(15,8,S)
DEPRIMIDO(2,10,N)
DORDECABE(15,15,W)
DORDEGARGANTA(2,1,SE)
DORESMUSCULARES(15,1,SW)
FEBRE(3,7,S)
TOSSE(8,1,SE)

O doente tem gripe.

Uma consulta (puzzle duplo)
recomendar
cair
torcer
espirrar
fumar
receitar
lamentar
quebrar
ligar
marcar
queixar-se

recear
satisfazer
alegrar-se
sentir
cuidar de
tossir
respirar
examinar

Fazer um exame físico anual.

Transportes (palavras cruzadas)
Horizontal
4. bicicleta
7. trem
8. voar

Vertical
1. ônibus
2. barco
3. metrô
5. caminhão
6. automóvel

O aeroporto e o avião (palavras cruzadas)
Horizontal
4. comissário de bordo
6. bagagem
9. escala
13. chegada
16. funcionário
17. sala de espera
18. saída
19. balcão
20. assento na janela
21. saída de emergência
22. primeira classe

Vertical
1. cartão de embarque
2. portão
3. fiscal da alfândega
5. classe turística
7. passageiro
8. passaporte
10. bilhete
11. cartão de milhagem
12. assento no corredor
14. alfândega
15. linha aérea

As minhas viagens (palavras cruzadas)

Horizontal

2. cruzeiro
6. excursão
8. recepcionista
13. eficiente
14. câmbio
15. cofre
16. lotado

Vertical

1. quarto simples
2. cartão postal
3. porto
4. quarto duplo
5. recepção
7. chave
9. ida e volta
10. agência de viagens
11. agente de viagens
12. lista de espera

Partes do carro (ordenar etiquetas)

volante, motor, farol, assento, radiador, pára-choques, capô, rodas, pneus, espelho retrovisor, bagageiro, placa, macaco, porta-luvas, limpador de pára-brisas, travão

Recursos hídricos (subir letras)

água salgada
água doce
água potáve
Dessalinização

Triagem de materiais para reciclagem (subir letras)

papel
lata
plástico
vidro
alumínio
cobre

O nosso meio ambiente (puzzle duplo)

floresta tropical
dióxido de carbono
geleira
agricultura
lençol subterrâneo
ecossistema
patromônio
saneamento básico
aquecimento global
seca
planeta
solo
ecoturismo
poluição
conservação
população
efeito de estufa
preservação
emissão
queimada
recursos
escassez
reserva
dano
degradação
desmatamento

Algumas organizações não-governamentais defende impostos e incentivos para fazer com que os especuladores preservem o nosso legado ambiental.

Verbos relacionados com o ambiente (sopa de vocabulário)

APOIAR(18,1,S)
BRIGAR(6,1,SW)
COMBATER(8,12,E)
DECOMPOR(10,20,N)
DEGRADAR(1,13,NE)
DEMORAR(19,15,N)
DEVASTAR(2,13,SE)
EMITIR(10,1,SW)
ENVOLVER(1,15,NE)
ESPECULAR(9,18,NW)
FALTAR(1,18,E)
MIGRAR(20,1,S)
MUTILAR(12,19,NE)
ORGANIZAR(16,9,W)

POLUIR(11,6,NE)
PREJUDICAR(3,10,NE)
RECICLAR(10,2,SE)
SEMEAR(11,15,S)
SEPARAR(20,9,S)
SOBRAR(6,19,W)
SOFRER(17,6,N)
SUPORTAR(18,20,NW)

A sociedade (palavras cruzadas)
Horizontal
1. estatística
8. tendêncla
9. demografia
14. casamento
15. desihualdade
17. mudança
21. proporção
22. redução
23. âmbito
26. precário
27. elevado

Vertical
2. alfabetizado
3. contemporâneo
4. domicílio
5. crescimento
6. acesso
7. exclusão
10. rendimento
11. doméstico
12. estrangeiro
13. taxa
16. indicador
18. desequilíbrio
19. carente
20. consciente
24. novidade
25. origem

A sociedade em verbos (puzzle duplo)
criar
aliar-se
reverter
analisar
diminuir
casar
usufruir

apontar
alfabetizar
indicar
encomendar
atingir
envelhecer
passar por
aumentar

Em Portugal, as famílias são cada vez menores.

Tecnologias da informação e comunicação (sopa de vocabulário)
APARELHO(5,8,SE)
BANDALARGA(10,1,SW)
CABO(6,13,NW)
CONTROLAR(20,11,SW)
DADOS(14,18,E)
GERIR(17,7,W)
INSTALA(1,2,E)
MANIPULAR(9,10,E)
MANUTEN(12,7,NE)
MOVIMENTAR(15,3,SW)
PROCESSAR(11,8,E)
REDE(2,15,E)
SATÉLITE(11,16,NW)
SERVI(20,6,NW)
TELEFONECELULAR(1,15,NE)
TRANSFERIR(1,18,E)
ULTRAPASSAR(19,11,W)
UTILIZAR(17,12,SW)

Vocabulário das biotecnologias (criptograma)
manipulação, espécie, câncer, gene, célula tronco, genoma, clonagem, fertilização, variedade, ético, genético

Adjetivos das ciências e tecnologias (ordenar as etiquetas)
informático comestível resistente
adverso voador atmosférico
climatizado especializado instantâneo
modificado suspenso permanente
renovável integrado

Energia (subir as letras)

energia renovável
abastecimento
combustível
fontes

Pesquisa (subir letras)
inovação
controvérsia
avanço
implicação
capacidade
robô

Pessoas (palavras cruzadas)
Horizontal
2. telespectador
7. atleta
9. cientista
12. enfermeira
16. cozinheiro
17. participante

Vertical
1. mergulhador
3. passageiro
4. bancário
5. carteiro
6. nativo
8. usuário
10. vendedor
11. árbitro
13. médico
14. garçom
15. recepcionista